BIBLIOTHÈQUE
DES
ENFANTS PIEUX

VIE
DE
SAINT VINCENT
DE PAUL

TOURS

Ad MAME ET Cie
IMPRIMEURS-LIBRAIRES

BIBLIOTHÈQUE

DES

ENFANTS PIEUX

APPROUVÉE

PAR MGR L'EVÊQUE DE NEVERS.

SAINT VINCENT DE PAUL

VIE

DE

SAINT VINCENT DE PAUL

L'AN 1660

PAR HUBERT LEBON

TOURS

AD MAME ET Cie, IMPRIMEURS-LIBRAIRES

—

1857

VIE

DE

SAINT VINCENT DE PAUL

Saint Vincent de Paul fut l'un des plus
illustres bienfaiteurs de l'humanité, et, à ce
titre, son nom n'a été prononcé toujours,
par les hommes même les plus irréligieux,
qu'avec un profond respect et un véritable
attendrissement. Cet homme prodigieux con-
sacra toute sa vie au soulagement de ses sem-
blables. Il nous serait impossible de rapporter
toutes les œuvres de charité qui ont illustré
ce saint prêtre ; elles semblent plus multi-
pliées que ses jours. Vincent fut regardé toute
sa vie comme l'ange de l'infortune et l'inten-
dant de la Providence.

Il naquit en 1576, dans un hameau du midi
de la France, le village de Poy, au diocèse
d'Acqs, en Gascogne, vers les Pyrénées.

Son père se nommait Guillaume de Paul, et sa mère Bertrande de Moras; ils avaient six enfants, qu'ils élevaient dans la piété et qui les aidaient à cultiver une petite ferme qu'ils possédaient en propre. Vincent, qui était le troisième, fut employé à garder les troupeaux. On vit briller en lui dès cet âge tendre le grand amour des pauvres qui devait être un jour sa vertu dominante : ayant une fois ramassé jusqu'à trente sous, somme considérable pour lui, il la donna au malheureux qui lui parut le plus délaissé.

Guillaume de Paul, qui voyait en son fils de rares dispositions pour les sciences et la piété, résolut de le faire étudier, et il l'en voya chez les cordeliers d'Acqs faire ses premières études.

Quatre ans après, M. Commet, avocat de la ville d'Acqs, et juge de Poy, le fit précepteur de ses enfants ; par là le jeune Vincent, qui faisait de si grands progrès dans les sciences, se vit en état de continuer ses études sans être à charge à sa famille.

A l'âge de vingt ans, Vincent se rendit à Toulouse pour y commencer un cours de théo-

logie, et dans cette ville, de même qu'à Acqs,
les soins qu'il donna à quelques jeunes gens
fournirent un supplément à son peu de fortune. Il reçut le sous-diaconat, ainsi que le
diaconat, en 1598, et la prêtrise deux ans
après.

Quatre ans après son ordination, Vincent de
Paul se rendit à Marseille pour recueillir une
succession de douze à quinze cents francs,
que lui avait laissée une personne qui ne le
connaissait que sur son excellente réputation;
le dépositaire de cette somme osa lui en con-
tester une partie; et Vincent, trop désinté-
ressé pour plaider, se contenta de trois cents
écus qu'il voulut lui donner, et qui lui deve-
naient bien nécessaires à lui, l'ami passionné
des pauvres. Il était au moment de quitter
Marseille pour se rendre à Toulouse, lors-
qu'un gentilhomme du Languedoc avec qui
il était logé, le pressa de prendre avec lui la
voie de mer jusqu'au port le plus voisin de
Narbonne : ce n'était pas l'avis de Vincent,
mais il s'y détermina par complaisance. La
saison était des plus favorables pour naviguer,
et le trajet pouvait être fait en un jour : il

l'eût été effectivement, sans un de ces événements que la Providence suscite quelquefois pour changer notre destinée au moment où nous nous y attendons le moins.

Par une lettre écrite le 24 juillet 1607 à M. Commet dont nous avons parlé, Vincent va raconter lui-même dans son vieux et simple langage les périls et les souffrances d'une pénible captivité.

« Je m'embarquai pour Narbonne ; le vent nous était tellement favorable que nous devions arriver ce jour-là même à bon port, si Dieu n'avait permis que trois brigantins turcs qui côtoyaient le golfe de Lyon pour attraper les barques qui venaient de la foire de Beaucaire, ne nous eussent attaqués si vivement, que deux ou trois des nôtres étant tués, tout le reste blessé, et moi-même ayant reçu un coup de flèche qui me servira de souvenir tout le reste de ma vie, nous n'eussions été contraints de nous rendre à ces filous. Les premiers éclats de leur fureur tombèrent sur notre pilote ; ils le hachèrent en mille pièces ; cela fait, ils nous enchaînèrent, et après nous avoir grossièrement pansés, ils poursuivirent leurs courses pendant huit jours, faisant mille voleries. Enfin, chargés de butins et de marchandises, ils arrivèrent à Tunis, et pour éviter les réclamations du consul de France, ils produisirent un procès-verbal de leur prise portant qu'elle avait été faite sur un vaisseau espagnol; après cette formalité, ils procédèrent à la vente de leurs esclaves. Ils commencèrent par nous dépouiller de nos habits. Ils donnèrent ensuite à chacun une paire de caleçons, un hoqueton de lin avec une bonnette, et nous promenèrent par la ville de Tunis, où ils étaient venus expressément pour nous vendre. Nous ayant fait faire cinq ou six tours par la ville, la chaîne au cou, ils nous ramenèrent au bateau, afin que les marchands vinssent voir qui leur convenait. Cela fait, ils nous ramenèrent à la place, où les marchands vinrent nous visiter tout de même que l'on fait de l'achat d'un cheval ou d'un bœuf, nous faisant ouvrir la bouche pour voir nos dents, palpant nos côtes, sondant nos plaies, et nous faisant cheminer le pas, trotter et courir, puis lever des fardeaux, puis lutter pour voir la force d'un chacun. Je fus

vendu à un pêcheur qui, contraint de se dé-
faire de moi, parce que je ne pouvais sup-
porter la mer, me céda ensuite à un vieillard
médecin qui avait travaillé, disait-il, pendant
cinquante ans. à la recherche de la pierre
philosophale. Il m'aimait et voulait m'attirer
à sa loi ; il me promit même, si je voulais
changer de religion , de me laisser tous ses
biens, et, ce qu'il estimait infiniment plus,
de me communiquer tous les secrets de sa
prétendue science ; mais, grâce à la protec-
tion de la bienheureuse Vierge Marie , que
j'implorai de tout mon cœur, j'échappai à la
tentation. Le vieillard médecin étant mort,
je fus vendu à un renégat originaire de Nice,
qui me mena en son themat (sorte de fief tenu
du Grand Seigneur). Il était situé dans la
montagne et non loin des déserts. Le renégat
avait une femme qui professait la religion
musulmane ; ce fut elle qui servit d'in-
strument à l'immense miséricorde de Dieu
pour retirer son mari de l'apostasie. Curieuse
qu'elle était de savoir notre façon de vivre,
elle me venait voir tous les jours aux champs
où je fossoyais, et un jour elle me demanda

de chanter les louanges de mon Dieu ; je me rendis à ses désirs, et je commençai, la larme à l'œil, le chant de quelques psaumes et des saints cantiques : elle en éprouva tant de plaisir que c'était merveille. Elle ne manqua pas de dire à son mari, le soir, qu'il avait eu tort de quitter sa religion, qu'elle croyait très-bonne, par les louanges que j'avais chantées en sa présence ; en quoi elle disait qu'elle avait ressenti un tel plaisir, qu'elle ne croyait pas que le paradis de ses pères et celui qu'elle espérait fût si glorieux, ni accompagné de tant de joie, que le contentement qu'elle avait ressenti pendant que je louais mon Dieu ; concluant en cela qu'il y avait quelque merveille. »

Le saint captif rapporte ensuite comment, à ce reproche de la femme musulmane, la conscience du renégat fut assaillie de remords ; il repassa dans son cœur ce qu'il avait à craindre du jugement de Dieu et ce qu'il pouvait espérer de sa miséricorde, et dès le lendemain il alla trouver Vincent, lui témoigna son repentir et le désir qu'il avait de se sauver avec lui. L'occasion en était difficile à trouver : les

Turcs sont inexorables et cruels envers ceux qui quittent leur religion après l'avoir embrassée, et ils punissent des plus rigoureux supplices ceux qui favorisent ces changements. Aussi ce ne fut qu'au bout de dix mois, et dans un léger esquif, que Vincent et celui qu'il avait rendu à la religion parvinrent à s'échapper de Tunis à travers mille dangers, pour courir les périls non moins grands de la Méditerranée. Dieu couronna leur confiance : ils arrivèrent le 28 juin 1607 à Aigues-Mortes, d'où ils se rendirent à Avignon. Le renégat y fit abjuration entre les mains du vice-légat. L'année suivante il accompagna le Saint à Rome, où il entra pour faire pénitence dans un couvent dont les religieux servaient les malades dans les hôpitaux, suivant la règle de Saint-Jean-de-Dieu.

Vincent étant à Rome visita les lieux que tant de martyrs ont arrosés de leur sang ; et, se rappelant l'humilité, le courage, la charité et toutes les vertus de ces saints amis de Dieu, il conjurait le Seigneur, les larmes aux yeux, de lui accorder la grâce de marcher fidèlement sur leurs traces.

Vers la fin de 1608, Vincent quitta l'Italie, chargé par le cardinal d'Ossat de rendre compte de vive voix à Henri IV d'une affaire très-importante qu'il n'avait pas voulu hasarder dans une lettre.

Vincent eût pu profiter de cette occasion pour avancer sa fortune ; mais il n'en fit rien ; et, s'empressant de quitter la cour, il alla se loger dans le voisinage de l'hôpital de *la Charité*, où il passait une partie de ses journées à instruire et à soigner les malades.

Quelque soin que Vincent prît pour cacher ses vertus, plusieurs personnes les découvrirent : on le fit connaître à la reine Marguerite, qui faisait alors profession de piété. Cette princesse voulut le voir ; elle le mit sur l'état de sa maison, et lui donna le titre de son aumônier ordinaire.

Deux ans après, par le conseil du cardinal de Bérulle, il accepta la cure de Clichy, près Paris. Les aumônes qu'il recueillit dans la capitale lui fournirent les moyens de rebâtir en entier et orner l'église de cette paroisse ; il y nourrit les pauvres et y fit fleurir la piété. Mais la Providence, qui destinait le saint prêtre à une carrière plus vaste, se servit encore de M. de Bérulle pour le déterminer à se charger de l'éducation des enfants du comte de Gondy, général des galères de France, qui, par sa piété et son zèle, eut tant de part, ainsi que la comtesse son épouse, à presque tout le bien que fit depuis Vincent de Paul.

En 1616 Vincent accompagna Mme de Gondy au château de Folleville, dans le diocèse d'Amiens. On vint un jour le prier d'assister un paysan dangereusement malade. Vincent, lui ayant proposé de faire une confession générale, s'aperçut bientôt que son pénitent ne s'était jamais confessé avec les dispositions nécessaires. Le paysan, fondant en larmes, s'accusa de tous ses péchés, et en reçut l'absolution. Il ressentit une joie si grande, qu'il ne cessait de verser des larmes en s'écriant que le bon Dieu l'avait bien aimé pour lui envoyer le saint prêtre, car sans lui il était perdu.

La pieuse Mme de Gondy sentit, à ce récit, s'éveiller en elle de justes craintes. Elle appréhenda que plusieurs de ses vassaux ne fussent dans le même cas; elle était hors d'elle-même quand elle pensait au danger que couraient tant de pauvres âmes, faute de secours ou d'instruction. Elle pria donc Vincent de prêcher dans l'église de Folleville le jour de la Conversion de saint Paul, afin d'instruire le peuple sur le caractère de la vraie pénitence. Le Saint avait reçu du Ciel le don de l'élocution et la sensibilité la plus profonde ; il était éloquent à force d'âme et de vertus, fécond en pensées du cœur, et, par là même, également sublime et populaire dans ses discours. Celui qu'il prêcha le jour de la Conversion de saint Paul, produisit un si grand fruit, que toute sa vie il en célébra chaque année la mémoire, et qu'à son imitation les prêtres de la Mission, dont il a été le fondateur, rendent à pareil jour d'humbles actions de grâces au Seigneur de ce que c'est à cette époque que leur congrégation a été en quelque sorte conçue, ainsi que nous allons le voir.

L'année qui suivit, Vincent, accompagné de cinq prêtres, et toujours par le conseil de M. de Bérulle, se chargea du soin d'aller prêcher l'Évangile dans les villages de la

Bresse où régnait une ignorance grossière des premières vérités du christianisme. Mme de Gondy apprit avec une joie singulière les succès des travaux de Vincent. Ce fut alors qu'elle résolut, de concert avec son mari, d'établir une compagnie de missionnaires qui s'emploieraient à l'instruction de leurs fermiers et de leurs vassaux. Ce projet fut proposé à J.-F. de Gondy, frère du comte, premier archevêque de Paris. Le prélat l'approuva, et donna le *collége des Bons-Enfants* pour loger la nouvelle communauté.

Vers le même temps, Vincent, sensiblement affligé de l'abandon où étaient réduits les galériens détenus dans les différentes prisons de Paris, forma le projet de les réunir dans une même maison. Ce projet étant exécuté par suite des libéralités de plusieurs personnes pieuses, il pourvut aux besoins spirituels et corporels de ces malheureux. L'ordre qu'il parvint à établir parmi eux était si admirable, que, M. de Gondy en ayant parlé au roi, Vincent fut nommé aumônier général des galères. Il ne tarda pas à se rendre à Marseille; et là, se trouvant au milieu des galériens qui, par leurs imprécations, ne faisaient qu'aggraver leur horrible état, il allait de rang en rang, écoutait leurs plaintes, compatissait à leurs peines, joignait, autant qu'il était possible, l'aumône aux paroles, et par là s'ouvrit un chemin dans tous les cœurs. Il engagea aussi les officiers à traiter avec plus de ménagement des hommes déjà si malheureux. On assure que, touché du désespoir d'un des forçats qu'il ne pouvait parvenir à consoler, il porta l'héroïsme inouï de la charité jusqu'à prendre sa place, qu'il fut en effet chargé de ses chaînes, et qu'il les porta quelque temps.

Les soins que Vincent prodigua à tous ces malheureux ne furent point inutiles : on eut plus d'humanité d'un côté, plus de docilité de l'autre ; l'esprit de paix pénétra parmi ces hommes livrés aux horreurs de l'enfer ; les murmures et les blasphèmes cessèrent ; les aumôniers purent parler de Dieu sans être interrompus, et ils comprirent que des forçats étaient susceptibles de vertu. Eh ! quel était ce prêtre qui opérait de telles merveilles? Un ecclésiastique né sans aïeux, sans fortune, n'occupant aucune place, à qui la France et l'humanité doivent cependant un nombre prodigieux d'établissements aussi utiles qu'admirables.

Mais un des plus grands services que Vincent rendit aux galériens, fut d'obtenir qu'on bâtirait pour les malades un hôpital que M. de Gondy commença dès lors, et auquel Louis XIV en 1648 assigna douze mille livres de revenus annuels. Cet hôpital devint bientôt un des plus commodes du royaume. Il y a trois cents lits, et les galériens malades y trouvent tous les secours qui leur sont nécessaires.

En 1624, après la mort de Mme de Gondy, que Vincent assista dans ses derniers moments, il alla demeurer avec ses prêtres au collège des Bons-Enfants, et leur donna des règles ou constitutions qui furent approuvées par le pape Urbain VIII en 1631. L'année suivante, les chanoines réguliers de Saint-Victor cédèrent à Vincent le prieuré de Saint-Lazare, qui devint le chef-lieu de la congrégation, et fit donner aux Pères de la Mission le nom de *Lazaristes*. Le but de cette institution est de travailler à la conversion des pécheurs en s'employant aux missions, et de former de jeunes ecclésiastiques aux fonctions du ministère ; ce qui fait que plusieurs d'entre eux tiennent des séminaires où ils font des retraites. L'avantage que l'Église retirait du nouvel institut, lui donna des accroissements considérables, et il comptait à la mort du Saint vingt-cinq maisons tant en France qu'en Piémont, en Pologne et en d'autres pays.

Cet établissement ne suffisant pas encore au zèle de saint Vincent de Paul, il travailla à former cette société devenue depuis si célèbre sous le nom de *Filles de la Charité* ou *Filles de Saint-Vincent-de-Paul*. Leur vocation est de prendre soin des pauvres dans les paroisses, d'élever des enfants trouvés, d'instruire les jeunes filles privées de leurs parents, de soigner les malades dans les hôpitaux, et même les criminels condamnés aux galères. Dans la seule ville de Paris on compte aujourd'hui plus de trente maisons de cet Ordre.

Vincent coopéra encore à l'établissement

d'une foule d'institutions de charité, telles que les *Orphelins*, les *Miramiones*, les *Filles de la Croix*, institutions toutes destinées à l'éducation des enfants de la classe indigente et aux soins des pauvres malades.

Jamais Paris n'oubliera ce qu'il doit à Vincent de Paul : ce fut lui qui procura et dirigea la fondation des hôpitaux de la Pitié, de Bicêtre, de la Salpêtrière et des Enfants-Trouvés.

Ce dernier établissement intéresse trop l'humanité et la religion, pour que nous n'en parlions pas avec une certaine étendue; nous allons nous servir des propres paroles d'un de ses plus éloquents panégyristes :

« Au retour d'une de ses missions, Vincent de Paul, que j'oserais presque nommer l'Ange visible de la Providence, trouve, sous les murs de Paris, un de ces enfants sans famille entre les mains d'un mendiant, occupé à déformer ses membres. Saisi d'horreur, il accourt avec l'intrépide confiance de la vertu qui impose toujours au crime. « Eh !
« barbare, s'écrie-t-il, vous m'avez bien
« trompé, je vous avais pris de loin pour un

« homme ! » Il lui arrache sa victime, l'emporte dans ses bras, traverse Paris en invoquant la commisération publique, assemble la foule autour de lui, raconte ce qu'il vient de voir, appelle la religion au secours de la nature, et, entouré de ce peuple frémissant, qui le suit sans pénétrer son projet, il se rend dans la rue Saint-Landry, où l'on entassait ces malheureuses victimes. Là, ce père des orphelins donne l'exemple : il en ramasse douze qu'il met à part, et les bénit, en déclarant qu'il se charge de les nourrir. Et c'est là sa première allocution en faveur de ces infortunés. Aussitôt il appelle ses fidèles coopératrices, expose le pressant besoin de sauver ces enfants, et ils sont secourus ; mais le nombre en augmente au point que la charité se décourage, et qu'elle est prête à se rebuter. Toutes ces grandes âmes, qui l'ont si généreusement secondé jusqu'alors, viennent lui déclarer qu'il faut absolument renoncer à cette œuvre de miséricorde ; mais, quand tout semble l'abandonner, sa foi en la Providence lui reste ; il regarde amoureusement le ciel, d'où le désespoir ne descendit jamais dans son cœur. C'est précisément parce qu'il est repoussé de toutes parts que le *tour du bon Dieu est enfin venu*, dit-il, que la Providence va s'en mêler, et qu'il espère, ou plutôt, selon l'expression admirable que le roi-prophète a employée plusieurs fois dans ses psaumes, qu'il *surespère* dans le Seigneur.

« Rien ne le seconde, et rien ne l'abat dans les solitaires frayeurs de ses conceptions charitables. Nous l'avons vu seul, ailleurs, contre l'opinion publique de la capitale ; le voici seul maintenant, au milieu de tant d'orphelins, contre la mort, à qui cette précoce et immense proie semble assurée. Tous les dangers de ces pauvres enfants pèsent sur son cœur, et sa charité les lui rend personnels. Il éprouve à leur aspect cette commisération, ou plutôt cette communauté de souffrances qui faisait dire à l'apôtre saint Paul : Qui souffre, sans que je souffre avec lui ? La piété qui l'émeut le transforme en un homme nouveau, à qui l'urgence du besoin et du péril ne permet plus de différer et d'attendre, comme autrefois. Ce n'est plus ce promoteur patient du bien public, autrefois si timide et si modéré devant les difficultés qu'on opposait à ses fondations charitables ; c'est l'ange impétueux de la miséricorde, qui s'élance au milieu des contradictions pour lutter contre la pusillanimité des riches, en les entourant d'une immensité de berceaux prêts à devenir des cercueils. Dieu lui a donné, comme au prophète Isaïe, *une langue savante pour sustenter, par la puissance de la parole, toutes ces créatures expirantes.* « Encore un jour, dit-il à ces femmes timides qui ont trop peu de foi, je ne vous demande plus qu'un seul jour, la Providence vous suggèrera quelque résolution salutaire. »

« Il dit, et il convoque pour le lendemain une assemblée extraordinaire. Il fait placer dans le sanctuaire, entre les bras des filles de la Charité, cinq cents de ces pauvres enfants, dont il veut faire entendre les cris, et plaider la cause pour la dernière fois ; il monte en chaire, chargé du plus touchant intérêt qu'un orateur ait jamais défendu, et le cœur oppressé de cette charité qui égalait dans son âme toute l'énergie de l'amour maternel. Vous allez ici l'entendre lui-même, il va mêler ses sanglots à leurs vagissements; il veut exciter et recueillir rapidement, parmi ses auditeurs, ces élans irrésistibles de charité, ces premiers mouvements de commisération qui sont toujours nobles et généreux; et s'adressant aussitôt à ce sexe compatissant qui l'environne, il lui parle en ces termes, auxquels nous nous garderons de rien changer :

« Or sus, Mesdames, vous avez adopté ces enfants, vous êtes devenues leurs mères selon la grâce, depuis que leurs mères selon la nature les ont abandonnés. Voyez si vous voulez aussi les abandonner pour toujours. Cessez, dès ce moment, d'être leurs mères pour devenir leurs juges. Leur vie et leur mort sont entre vos mains. Je m'en vais prendre les voix et les suffrages. Il est temps que vous prononciez leur arrêt. Les voilà devant vous. Ils vivront, si vous continuez d'en prendre un soin charitable, et ils mourront tous demain, si vous les délaissez. »

« L'éloquence ne nous offre point de plus sublime mouvement : aussi n'a-t-elle jamais obtenu de plus beau triomphe. On ne répond à Vincent de Paul que par des pleurs et des cris de miséricorde. Dans cette même assemblée, où l'on est venu avec la résolution d'abandonner pour toujours les enfants trouvés, la fondation de leur hôpital, votée par acclamation, reçoit immédiatement pour première dotation quarante mille livres de rente ; et cet exemple d'humanité est aussitôt imité dans tout le royaume et dans l'Europe entière. »

On compte aujourd'hui en France et à l'étranger plus de douze mille établissements de ce genre.

Outre les établissements dont nous avons parlé, Vincent fonda encore, dans le faubourg Saint-Laurent, à Paris, celui du Nom-de-Jésus, pour quarante pauvres vieillards, et celui de Sainte-Reine, en Bourgogne, au diocèse d'Autun, pour les pèlerins pauvres et malades que la dévotion attire au tombeau de cette illustre martyre. Ce dernier est devenu fort célèbre ; on y reçoit tous les ans trois à quatre cents malades, et plus de vingt mille pauvres passants de tout âge, de tout sexe et de toute nation. Le Saint donna de sages règlements à ces différentes maisons, et leur fit trouver des fonds suffisants pour toutes les dépenses nécessaires.

La charité de Vincent de Paul ne se bornait point aux soins de ces précieuses communautés. La Lorraine, la Champagne, la Picardie, ravagées par la guerre, la famine et les épidémies, trouvèrent en lui des ressources inespérées. Les aumônes qu'il ramassa pour la Lorraine seule montèrent à 1,600,000 livres.

Dans l'immensité de sa charité, Vincent semblait embrasser tous les genres d'infortunes qui pesaient alors sur la France. On ne peut lire sans étonnement comme sans admiration les ressources immenses qu'elle lui procurait pour soulager, dans une si grande étendue de pays, tous les maux que la guerre et la discorde entre les citoyens avaient produits. Il recevait de tous côtés, de la part des gouverneurs des villes, des lettres de félicitation et de reconnaissance, où il était traité de libérateur. Nous ne citerons que celle du premier magistrat de Saint-Quentin : elle serait seule la matière d'un brillant panégyrique :

« Les charités qui sont, par la grâce de Dieu et par vos soins, envoyées en cette province, et si justement distribuées par ceux qu'il vous a plu y commettre, ont donné la vie à des millions de personnes réduites, par le malheur des guerres, à la dernière extrémité ; et je suis obligé de vous témoigner les très-humbles reconnaissances que tous ces peuples en ont. Nous avons vu, la semaine passée, jusqu'à quatorze cents pauvres réfugiés en cette ville, durant le passage des troupes, qui ont été nourris, chaque jour, de vos aumônes ; et il y en a encore dans la ville plus de mille, outre ceux de la campagne, qui ne peuvent vivre d'autre manière que celle qui leur est donnée par votre charité. La misère est si grande, qu'il ne reste plus dans les villages d'habitants qui aient seulement de la paille pour se coucher ; et les plus qualifiés du pays n'ont pas de quoi subsister. Il y en a même qui possèdent plus de vingt mille écus de biens, et qui, à présent, n'ont pas un morceau de pain, et ont été deux jours sans manger. C'est ce qui m'oblige, dans le rang que je tiens et la connaissance que j'en ai, de vous supplier très-humblement d'être encore le père de cette patrie, pour conserver la vie à tant de pauvres moribonds et languissants, que vos prêtres assistent, et qui s'en acquittent très-dignement. »

Les étrangers participèrent aussi aux fruits de sa charité. Un grand nombre de royalistes anglais ayant été obligés de fuir leur pays sous Cromwell, Vincent de Paul parla de leur triste position, et l'on résolut qu'il serait fait une pension à ces étrangers, et chaque mois elle était portée chez eux par le baron de Renti. Pendant ce temps-là, il envoya des missionnaires en Écosse, en Irlande, et dans différentes parties de l'Afrique Son regret était de ne pouvoir aller lui-même prêcher la foi aux infidèles. « Ah ! malheureux que je suis ! disait-il quelquefois dans l'ardeur de son zèle, je me suis rendu indigne par mes péchés d'aller rendre service à Dieu parmi les peuples qui ne le connaissent pas. Oh ! qu'heureuse est la condition d'un missionnaire, qui n'a point d'autres bornes de ses travaux pour Jésus-Christ que toute la terre habitable ! Pourquoi donc nous restreindre à un point et nous prescrire des limites, puisque Dieu nous a donné tant d'étendue pour exercer notre zèle ? »

Saint François de Sales, ayant eu occasion de connaître Vincent de Paul, s'était bientôt aperçu qu'il possédait les plus sublimes vertus et qu'il avait tous les talents nécessaires pour conduire les âmes à la perfection. Il le nomma donc premier supérieur des religieuses de la Visitation, qu'il venait d'établir à Paris. Ce choix fut justifié par les bénédictions sans nombre qui accompagnèrent le ministère du vertueux prêtre. Une tendre charité unit toujours, depuis qu'ils se connurent, François de Sales et Vincent de Paul. Ce dernier disait que la douceur, la majesté, la modestie et tout l'extérieur de François de Sales lui retraçaient une vive image du Fils de Dieu conversant parmi les hommes. Étant tombé malade peu de temps après un entretien qu'il avait eu avec ce saint prélat, il s'écriait tout naturellement, et comme pour se fortifier dans la souffrance et augmenter sa confiance en Dieu : « Oh ! puisque l'évêque de Genève est si bon, il faut, ô mon Dieu, que vous soyez bien bon vous-même ! »

On sait que Vincent de Paul avait acquis, par ses vertus, la confiance de Louis XIII, et que ce grand roi, disposé par ses exhortations, a eu le bonheur de faire une sainte mort entre ses bras. Ce fut dans ces derniers moments que le roi, repassant dans son esprit les devoirs de la royauté, s'écria : « Oh ! Monsieur Vincent, si Dieu me rendait la santé, je ne nommerais personne à l'épiscopat qu'il n'eût passé trois ans avec vous. »

En 1643, ayant été nommé chef du conseil ecclésiastique établi par la reine régente Anne d'Autriche, il fallut le forcer d'accepter cette dignité, qu'il conserva malgré lui pendant dix années.

Voici, entre beaucoup d'autres, un trait qui caractérise sa répugnance pour les honneurs. La malveillance avait répandu le bruit, dans le cours d'un de ses voyages, qu'il était disgracié : à son retour, ce bruit fut reconnu faux ; un de ses amis vint l'en féliciter. « Ah ! plût à Dieu, s'écria le Saint, qu'on eût dit la vérité ! mais un misérable tel que je le suis n'est pas digne de cette grâce. »

Le prince de Condé, qui avait pour lui une

véritable vénération, voulut, dans ses commencements de faveur à la cour, le faire asseoir auprès de lui. « Votre Altesse, lui dit Vincent, me fait trop d'honneur de vouloir bien me souffrir en sa présence ; ignore-t-elle donc que je suis le fils d'un pauvre villageois ? » Le prince lui répondit avec autant de bonté que d'esprit : « Par sa vie et ses mœurs un homme s'ennoblit. »

Cependant la santé du Saint dépérissait de jour en jour. Quoiqu'il fût d'un tempérament assez robuste, les fatigues occasionnées par son zèle et par les austérités de sa pénitence le firent à la fin succomber. Il fut pris, à l'âge de quatre-vingts ans, d'une fièvre dont les accès étaient périodiques. Il éprouvait toutes les nuits des sueurs qui achevaient de l'épuiser. On doit juger par là que le temps destiné au sommeil n'était point pour lui un temps de repos. Cela ne l'empêchait pas de se lever régulièrement à quatre heures du matin, de dire la messe, et de donner chaque jour un temps considérable à l'oraison ; il ne diminuait rien non plus de ses autres exercices de piété, ni de la pratique de ses œuvres ordinaires de charité. Plus il sentait approcher son dernier moment, plus il redoublait de zèle pour donner les avis nécessaires et les saintes instructions à toutes les institutions que dirigeait sa charité. La pensée de la mort l'occupait continuellement ; tous les jours, après avoir dit la messe, il récitait les prières de l'Église pour les agonisants, avec les recommandations de l'âme et les autres actes par lesquels on prépare les fidèles à aller paraître devant Dieu. Le pape Alexandre VII, ayant été informé de l'extrême faiblesse où l'avaient réduit l'âge, les fatigues et la maladie, le dispensa de la récitation du bréviaire ; mais le serviteur de Dieu ne vivait plus lorsque le bref de dispense arriva. Après avoir reçu les sacrements, il s'endormit de la mort des justes, le 27 septembre 1660, à l'âge de 85 ans. Les grands et le peuple, la cour et la ville, les magistrats et les religieux, versèrent des larmes à la nouvelle de sa mort. Jamais on n'avait entendu un concert aussi unanime de louanges. Le prince de Conti, le nonce du pape, plusieurs évêques et un grand nombre de personnes de la première qualité assistèrent à ses funérailles. On l'enterra dans l'église de Saint-Lazare.

Vincent de Paul fut béatifié en 1729 par Benoît XIII, et canonisé en 1737 par le pape Clément XII.

Le corps de saint Vincent de Paul se trouve renfermé aujourd'hui dans une châsse d'argent d'un beau travail, laquelle est déposée dans la nouvelle chapelle construite par MM. de Saint-Lazare sur un terrain dépendant de la maison qu'ils habitent à Paris. Les événements de juillet 1830 ont obligé de cacher ce trésor ; mais le 13 avril 1834 cette sainte relique a été de nouveau exposée à la vénération des fidèles dans ladite chapelle de MM. de Saint-Lazare.

« A la tête des protecteurs de l'humanité souffrante, dit le cardinal Maury, je vois un homme doué du plus rare courage d'esprit, de la conception des grandes entreprises et de la patience des plus petits détails, d'une imagination hardie et d'un jugement sage, d'une prudence consommée pour discerner l'à-propos des moments opportuns, saisir le point de maturité des projets utiles, et s'at-

tacher aux établissements durables ; enfin
d'un zèle ardent et inébranlable, d'un attrait
de persuasion qui rallie toutes les opinions à
ses sentiments, et du talent plus heureux
encore et plus rare d'embraser les cœurs du
feu divin dont il est consumé lui-même.
Cet homme anime tout, propose les bonnes
œuvres, discute les moyens, indique les ressources, écarte les obstacles, correspond à la
fois avec le gouvernement, avec les riches,
avec les malheureux. Son regard embrasse
toutes les provinces ; il veille sans cesse pour
la patrie ; il est présent à toutes les calami-
tés ; il atteint tous les malheurs par sa bienfaisance ; il transporte tous ses auditeurs au
milieu des désastres publics ; il les entraîne
dans le tourbillon de charité qui l'environne,
les pénètre de terreur, les fait fondre en
larmes, les oppresse de sanglots, leur ôte
leur âme pour leur donner la sienne ; et cet
homme de la Providence est Vincent de Paul,
qui, du milieu de son assemblée de charité.
semble dire, comme le Fils de Dieu, d'une
voix qui est entendue jusqu'aux extrémités
du royaume : *Venez à moi, vous qui souffrez,*

et je vous soulagerai.» (S. Matth., ch. 11, v. 28.)

O sages du siècle, vous avez revendiqué Vincent comme un enfant de la philosophie; mais la philosophie recherche, avec la sagesse, la gloire ou les honneurs, ou du moins elle ne les fuit pas; et Vincent ne connaissait que l'opprobre de la croix et le renoncement à soi-même. Vous lui avez érigé des statues; mais elles sont la récompense des vainqueurs et des conquérants; et Vincent ne savait que panser les plaies qu'ils font, et réparer les ravages qu'ils occasionnent. On élève aussi, il est vrai, des statues à la bienfaisance; mais Vincent ne connaissait que la charité, et il y a loin de la bienfaisance à la charité, cette fille du Ciel, qui seule sait faire du bien jusqu'à l'héroïsme, puis se cacher comme pour se rendre invisible.

Ah! mettez-le dans vos rangs, cet homme extraordinaire, cet homme que l'on peut nommer unique; érigez-lui des statues, célébrez aussi ses louanges; mais reconnaissez qu'il n'y a que le Dieu des chrétiens qui puisse former des Vincent.

PRIÈRE.

Grand Saint, père commun des malheureux, vous qui appeliez autour de vous tous les hommes sensibles et compatissants, et rendiez la Providence visible et agissante dans toute l'étendue de la France, veillez encore par votre intercession au bonheur des Français ; soyez encore, pour tous ceux qui sont pauvres, pour tous ceux qui souffrent et pour tous les pécheurs, l'ange tutélaire de la Providence, et obtenez-nous de Dieu une étincelle de cette charité dont vous étiez embrasé.

FIN

Tours. — Impr. MAME.

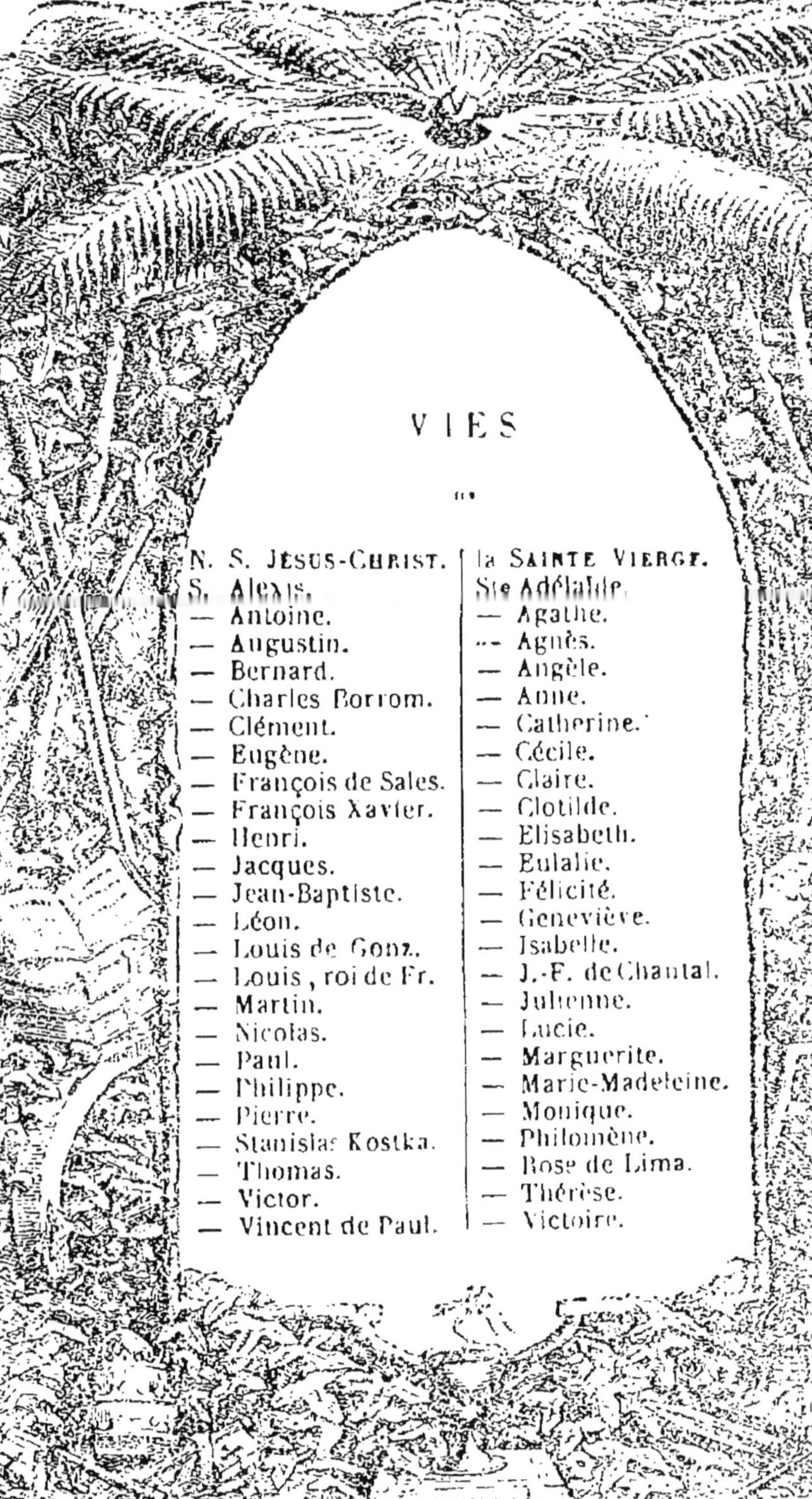

VIES

N. S. JÉSUS-CHRIST.
S. Alexis.
— Antoine.
— Augustin.
— Bernard.
— Charles Borrom.
— Clément.
— Eugène.
— François de Sales.
— François Xavier.
— Henri.
— Jacques.
— Jean-Baptiste.
— Léon.
— Louis de Gonz.
— Louis, roi de Fr.
— Martin.
— Nicolas.
— Paul.
— Philippe.
— Pierre.
— Stanislas Kostka.
— Thomas.
— Victor.
— Vincent de Paul.

la SAINTE VIERGE.
Ste Adélaïde.
— Agathe.
— Agnès.
— Angèle.
— Anne.
— Catherine.
— Cécile.
— Claire.
— Clotilde.
— Elisabeth.
— Eulalie.
— Félicité.
— Geneviève.
— Isabelle.
— J.-F. de Chantal.
— Julienne.
— Lucie.
— Marguerite.
— Marie-Madeleine.
— Monique.
— Philomène.
— Rose de Lima.
— Thérèse.
— Victoire.